Street of Light

빛의 거리

세계건축산책 8

Street of Light
빛의 거리

— 풍경이 있는 도시의 길 —

스즈키 마코토 지음 | 유창수 옮김 | 우영선 감수

르네상스

일러두기

1. 외래어 표기는 한글맞춤법 외래어표기법을 따랐으며, 브리태니커 백과사전을 참고하였다.
2. 생소한 인명, 지명이 나올 때는 처음 한 번만 원어를 병기하였다.
3. 인명 옆에 표기된 연도는 생몰년, 건물명 옆에 표기된 연도는 설계 연도다.
4. 지은이의 주는 본문에서 괄호에 넣어 처리하였다.
5. 옮긴이의 주는 * 표시와 함께 해당 지면 아래쪽에 각주를 달았다.

Street of
Light

차례

빛의 거리의 계보 6

빛의 거리의 무대 12

1. 파리 17

2. 런던 59

3. 밀라노 73

4. 나폴리 93

5. 모스크바 103

해설_ 빛의 거리의 부활 122

참고문헌 130

빛의 거리의 계보

빛의 거리가 어느 시기에 처음으로 생겨났는지는 사람에 따라 서로 다르게 정의하고 있다. 빛의 거리에 대한 확실한 정의가 없기도 하거니와 그 종류와 사례가 너무도 많고 전 세계에 분포하고 있기 때문이다.

마라케시Marrakesh나 페스Pés의 수크souq에서 시장의 회랑은 빛과 그림자의 비단결 같은 모양이 아름다워서 그곳을 지나는 사람들이 빛의 거리의 정수라고 일컬을 정도이다. 이스탄불의 대 바자Bazaar도 이러한 거리의 오래된 유형의 한 사례이다. 이베리아 반도나 중동 근처 바자의 천막과 톨도스를 빛의 거리의 한 유형에 넣는다면 빛의 거리가 지닌 역사는 훨씬 더 옛날로 거슬러 올라갈 것이다.

그러나 이 책에서는 빛의 거리가 도시의 중심에 위치하고 유리로 덮여져 건축으로서 혹은 독립된 공간으로서 확립된 무렵부터 묶어서 그 역사를 조명하고자 한다. J.F. 가이스트Johann Friedrich Geist의 저서 『Passagen』에 따

갤러리 드 보어, 팔레 루아얄, 1786~1788년

르면 빛의 거리가 도시에 탄생하고 전개된 시기는 약 19세기라고 한다. 다시 말해 1800년부터 1900년까지를 여섯 단계로 나누어 발명기, 유행기, 전개기, 기념적 건축기, 거대기 및 모방기, 그리고 쇠퇴기로 각각 구분하고 있다.

발명기의 빛의 거리는 1700년 말부터 1820년에 걸쳐 갤러리Galeries라든지 패시지Passage라는 명칭을 지니며 먼저 파리에서부터 등장하기 시작한다. 그 중에서도 가장 오래된 것을 꼽는다면 거의 전설처럼 유명해진 팔레 루아얄Palais Royal의 중정에 설치된 갤러리 드 보어Galeries de Boi(1786~1788)가 있다. 목구조에 유리를 끼운 단순한 구조였던 것 같지만 이것을 시작으로 19세기 전반의 40여 년 동안 파리에 크고 작은 빛이 나는 거리가 많이 만들어지게 된다. 오스망(1809~1891)이 1853년에 시작한 파리 대개조 계획인 대보수 사업은 빛의 거리를 연속해서 만들어 낸 황금시대라고 할 수 있다.

파리에 조성된 빛의 거리는 거의 대부분 협소한 통로 모양을 이루고 있기

갤러리, 팔레 루아얄, 1781년

때문에 주로 패시지라고 일컬어진다. 한편 갤러리라고 불려지는 거리는 회랑 모양으로 볼록하며 작은 광장을 가지고 있지만 규모면에서 볼 때 이것도 작은 통로 모양이라고 할 수 있다. 지금도 팔레 루아얄의 정원에 그 구조가 남아 있는 갤러리 돌레앙Galerie d' Orléans(1828~1829년) 등은 수많은 갤러리 중에서도 특이한 경우이다. 일반적으로는 관심을 두지 않고 지나치는 통로지만 대부분 유리 지붕으로 덮여 있어 실로 여러 가지 표정을 띠며 불규칙적으로 다양한 뉘앙스를 도시공간에 가져다 주는 공통점을 지닌다.

그리고 무엇보다도 멋진 일은 19세기의 많은 걸작이 현재도 파리의 거리에 남아 여전히 파리의 거리를 돋보이게 하는 광경을 우리의 눈으로 확인할 수 있다는 점이다.

발명기를 장식한 또 하나의 도시는 런던이다. 조지 3세시대의 후기에 런던에서는 아케이드라고 하는 빛의 거리가 등장했다. 그러나 그 후 다른 지방

갤러리 돌레앙, 팔레 루아얄, 1828~1829년

도시에서 이러한 아케이드가 거리의 형태로 발전되었을 뿐 런던의 아케이드는 빛의 기술을 통해 기념비적인 박람회 건축과 대규모 역사 건축으로 거듭나게 된다.

1851년에 팩스턴Joseph Paxton(1803~1865년)이 완성한 수정궁(1850~1851년)은 560×125m, 총면적 70,000m²를 덮는 거대한 유리 건물이다. 이 건물을 시작으로 믿기 어려울 정도의 실험을 통해 주철재나 판유리에 관한 신기술이 개발되었으며, 그 기술이 19세기 후반 빛의 거리가 발전하는 데 박차를 가하는 강력한 원동력이 된 것이다. 이 시대에 완성된 큐Kew의 종려원(1844~1848년)은 현재 런던 교외에서도 볼 수 있으며, 아름답게 부풀어 오른 그 유리공 모양의 내부에서 당시 사람들이 묘사한 휴식공간이 어떤 모습이었는지 감지할 수 있을 것이다.

역사적 건축물에 파묻힌 듯한 도시를 가진 이탈리아에서 갤러리아Galeria

갤러리 돌레앙, 1828~1829년

라고 불리운 빛의 거리가 출현했던 시기는 이로부터 얼마 뒤였다. 파리의 모험과 런던의 기술이 만날 무렵, 유리의 대형 볼트나 아치 기술이 철도역사, 박람회장, 중앙시장, 백화점 등의 거대한 공공공간에 활용된 때는 19세기 후반에 들어설 무렵이었다. 그래서 빛의 거리는 협소한 통로나 뒷골목을 덮는 공간이 아니라 전면통로나 광장 전체를 덮는 장소로 다루어지기 시작한다.

이 시기에 북이탈리아의 중심도시 밀라노에서 갤러리 비토리오 엠마뉴엘 2세(1865~1877년)를 시작으로 토리노, 제노바 그리고 남부이탈리아의 나폴리에서 갤러리아 움베르토 1세(1887~1891년)까지 신고전주의양식으로 장식된 기념비적인 큰 지붕이 있는 건축물이 세워졌다. 이탈리아에서 빛의 거리의 계보를 본다면, 그것은 역사적 건축물로서 19세기의 건축기술을 동원해 도시를 다시 태어나게 한 커다란 도전이었다고도 할 수 있다.

J.F. 가이스트가 지적한 바 있듯이 거대화시대는 모방시대이므로, 이들의

거리계획기술이 세계로 전파해 가는 속도도 빠르다. 서쪽의 신대륙 아메리카에서는 클리블랜드에서 5층의 건축물이 아케이드(1888~1890년)로 덮인 입체적 거리가 완성되었다. 한편 서쪽의 모스크바에서는 세계 최대의 빛나는 거리 굼Gum(1888~1893년)이 건설된다. 북쪽에 위치한 국가에서 따뜻한 빛이 충만하게 넘치는 시장 공간은 러시아적 거리 풍경이라고 해도 좋을 것이다. 이것은 또한 19세기의 빛나는 거리가 도달한 하나의 지점이기도 하다.

19세기 후반에 건설된 독일의 많은 이름난 거리들은 유감스럽게도 세계대전에 의해 소실되었지만, 유럽의 여러 도시에서는 지금도 도시 공간의 중심으로서 19세기에 만들어진 빛의 거리가 건재하고 있으며, 우리들은 언제라도 그 발원지를 산책할 수 있는 기회를 누릴 수 있다.

빛의 거리의 무대

귀를 손과 팔로 덮어 가리면, 외부와는 다른 내부의 소리가 들려온다. 가끔 이런 방법으로 밖으로 튀어나오기 직전의 내부에 있는 자기의 노랫소리를 듣는 사람이 가수 중에 있다는 점도 흥미롭다. (이것은 자기 노래를 만들어 낼 때 자기의 육체가 공명하여 확인한 다음 밖으로 내는 발성법인 것 같다.)

조개껍질을 귀에 대고 먼 바다 소리를 들으려는 행동도 그렇게 함으로써 내적인 기억의 소리를 조개껍질의 작은 공간이 흡수해 주기 때문일 것이다. 기억의 저편에 잠들어 있는 소리를 작은 조개의 공간이 불러일으키고 그 소리가 바다의 풍경을 환기시킨다는 것이다. 이러한 현상은 크든 작든 간에 빛의 거리처럼 닫힌 공간에서 나는 소리의 성질을 상징적으로 표현하고 있다.

회랑과 빛의 거리는 반쯤 닫혀 있음으로써 특이한 반향의 형태를 가지며, 고유한 내부의 음을 발산하고 있다. 조용히 그 안에 빠져들면 나름대로의 미묘한 공기의 진동이 일렁이며, 육체가 소리의 바다에 조용히 떠가는 느낌을

팜 하우스, 큐, 1844~1848년

받을 수 있을 것이다. 돌이켜보면 사람들이 무리지어 북적대는 공간에서는 하나하나의 음소가 빛의 입자와 함께 머리 위로 솟아 올라가는 것을 보는 듯한 느낌이 들 것이다. 패시지와 같은 좁고 긴 공간에서는 음은 좁은 통로를 수평으로 왕래하고 근처의 소리와 구석의 소리가 엇갈려서 메아리와 같은 반사음을 낸다. 그에 비해서 높이가 있는 갤러리아에서는 음이 층을 이루어 상승하고 빛으로 가득 찬 천공의 볼트를 다시 팽창시키는 듯한 느낌이 드는 것이다.

빛의 거리는 극장처럼 듣기 좋도록 선택된 음악이 흐르는 곳은 아니다. 실례로 음악대나 배경음악, 확성기를 통한 전기적인 소리가 있는 경우는 많지 않다. 실제로 감지되는 것은 사람들의 떠드는 소리나 웃음소리, 고함소리일 뿐 아름다운 소리는 그저 일부에 지나지 않는다. 그러나 빛이 나는 거리의 공명효과를 통해 이 소리들이 공간의 음악으로 변하는 순간이 있다. 그때 사람

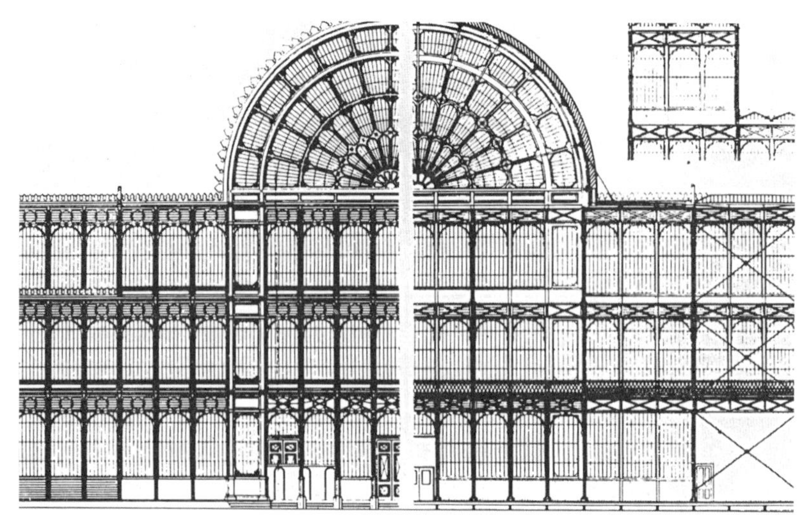

수정궁, 런던, 1850~1851년

들은 자신이 낸 소리를 하나의 음악으로 즐기면서 그 음에 음을 중첩시키는데 열중하는 것이다.

건축에는 공간을 통해 침묵과 북적거림을 표현해내는 기능이 있다. 가만히 보면 도시에 있어서 침묵은 뿌리 없는 풀과 같은 것일 뿐만이 아니라, 도시에 있어서 북적거림 또한 흩어지고 만다. 따라서 이 존재들이 시들어 소멸되거나 흔적도 없이 사라지기 전에 공간 속에 잡아매는 능력을 건축은 가지고 있다.

빛의 거리는 이러한 역할을 담당하는 도시건축으로서 발생했으며, 처음부터 시간에 민감하게 반응하는 공간이었고, 도시의 퍼포먼스가 이루어지기 쉬운 장소였다. 그곳에서 사로잡힌 침묵이나 법석거림과 그 시간들은 빛의 거리에 갇힌 채 발효되고 확장되어서 공간을 이루는 골격을 만들어 나간 것이다.

수정궁, 런던, 1850~1851년

물론 신비로운 침묵도 있고, 좋지 않은 말다툼도 있으며, 반드시 환영할 만한 공간만이 사로잡힌다고는 말할 수 없다. 파리의 많은 패시지에 대한 기록에도 창녀, 장사꾼, 거지, 도둑, 사기꾼들이 활약한 자취가 남아 있는 것 같다. 그러므로 빛의 거리에는 좋지 못한 것들의 역사도 전해지고 있다.

이러한 모든 것을 담고 있는 빛의 거리의 공간을 간단하게 묘사하기는 어렵다. 그러기 위해서는 어느 날 어느 때에 그 공간에 서는 일 이외에는 다른 방도가 없을지도 모른다. 어둑해질 무렵, 낮도 아니고 밤도 아닌, 빛이 정해져 있지 않은 때에 의식이 한창 고조되고 있는 갤러리아를 눈여겨보며 거닐어 보자. 마치 불안정하고 다의적인 공간이 시시각각 변모하는 듯한 양상을 파악할 수가 있다.

그곳에서는 생활과 삶의 무대가 전개되어 소리, 빛, 회화, 노래, 휴식의 소용돌이에 말려들어가면서 점차로 사람들이 스스로의 축제를 연출해 가는 모습을 목격한다. 이것은 빛이 나는 가로가 도시라는 극장 그 자체이거나 아니면 무대장치에 지나지 않는다는 점을 암시해 주는 일이다. 그곳을 거니는 자체가 이미 연극에 참여했음을 의미하고, 관람자와 피관람자를 동시에 연출하는 격이 되는 것이다. 사람들이 도시의 공간과 일체가 된다고 느끼는 순간은 그러한 역할을 연출하는 때다. 그뿐만 아니라 이 장치에 의해서 사람들은 도시라는 완전히 드러나지 않는 대상과 접촉할 수가 있고, 이를 통해 생활의 즐거움을 더해가는 것이다.

서론은 이 정도로 하고, 지금부터 천천히 빛의 거리를 산책해 보자.

Street of
Light

1

파리

패시지 두 카이르, 1798~1799년

EMEF
tricots
75-80

패시지 두 카이르, 1798~1799년

패시지 두 카이르, 1798~1799년

패시지 파노라마, 1800년

패시지 파노라마, 1800년

갤러리 콜베르, 1827년

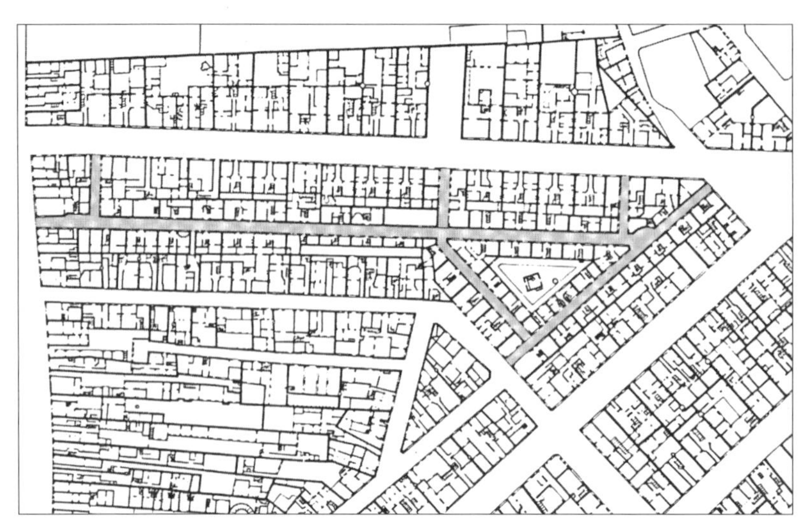

패시지 두 카이르, 1798~1799년

패시지 두 카이르Passage du Caire, 1798~1799년

이곳은 파리에서 가장 이른 시기에 지어진 유리지붕을 가진 골목길의 대표적 사례다. 이 시기는 나폴레옹이 이집트를 원정한 해(1798년)였으며, 이를 기념하기 위해 카이르라는 이름을 붙였다고 한다. 다른 나라의 광경이 골목길의 이미지와 합쳐져 있었기 때문일까, 아니면 그곳을 원산지로 하는 섬유나 향신료를 취급하는 가게가 많이 있었기 때문일까? 어떤 이유에서든 나폴레옹이 권력을 가지고 있던 시기에 파리의 패시지Passage*는 가장 많이 건설되었고, 이곳은 그 도화선이 된 골목길이다.

성 도니St. Doni 문 근처는 큰 도로가 오래된 거리구획을 비스듬히 가르며

* 패시지. 도로, 오솔길, 통로, 수로의 의미를 가지고 있으며, 복도, 홀, 로비, 출입구의 의미로도 쓰인다. 여기서는 빛의 거리의 대표적인 통로공간의 의미로서 전면도로나 거리의 의미보다는 차량이 통행하지 않는 골목길의 의미로 해석하고자 한다.

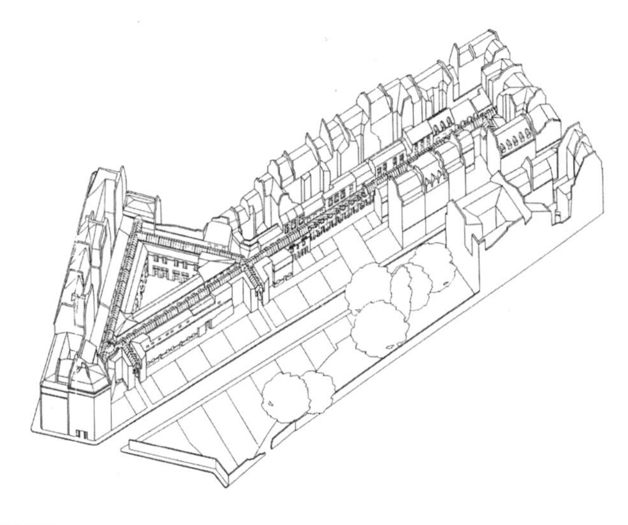

패시지 두 카이르

뻗어 있다. 예각으로 교차하며 늘어선 거리는 마치 이 일대의 역사가 그냥 이루어진 것이 아니었음을 말해 주고 있다. 연장된 오스망 대로와 세바스토폴 대로Boulevard Sebastopol가 만나는 지구地區를 이야기한다면, 그야말로 나폴레옹 3세와 오스망 장관이 큰 결단을 가지고 개조를 기획한, 파리 가운데에서도 가장 깊은 상처가 지금도 남아 있는 장소이기 때문이다. 파리 대개조 도중에 어떤 방법으로 그때까지 있었던 거리구획이 끊어져 버렸는지는 분단되고 흩어진 이 지구地區의 현재 남아 있는 많은 도로의 단편에서 발견할 수 있다. 이와 동시에 그 단편의 존재를 통해 지금 우리들은 19세기 초반에 이 지구地區의 모양이 어떠했는지를 상상하는 즐거움을 얻는 것이다.

카이르의 거리는 이 지구의 독특한 구획을 반영하여, 삼각형 부분과 직선 부분의 조합에 의해 만들어져 있다. 이 거리의 총 길이는 400m, 그 폭은 2.7m에서 3m 정도로 좁다. 단순한 지붕 모양을 한 유리 지붕의 구조는 주철

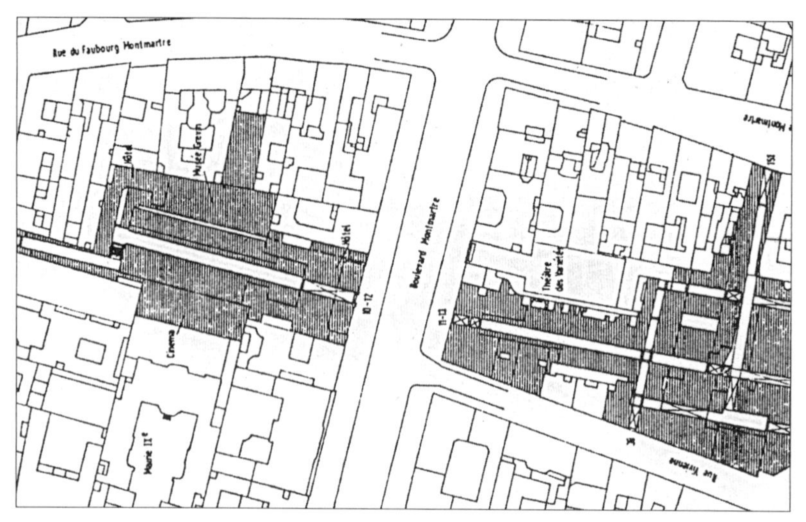

패시지 파노라마, 1800년, 패시지 주프루아, 1845년

재이지만, 초기에는 목구조로 되어있었다.

양쪽에 늘어선 건물들은 지하 1층, 지상 3층 규모이며, 단순한 벽면이 반복되고 있다. 양쪽에 250개 정도의 상점이 줄지어 있고, 상부는 주택으로 사용되고 있다. 섬유도매상, 가구점, 실내장식점, 금속잡화점, 철물점, 세탁소 등이 현재 들어서 있는 상점의 종류이지만, 거리의 구성으로 보아 다분히 200년 전에도 이와 동일한 일에 종사하는 사람들이 모이는 통로로 추측된다. 삼각지점에 있는 꽃처럼 생긴 유리 모양에서 이 패시지의 소박한 활력이 잘 표현되어 있다.

패시지 파노라마Passage Panoramas, 1800년

그 이름 자체에서 알 수 있듯이 이 가로는 19세기 초반에 유행의 첨단을 달리던 골목길이었을 것이다. 골목길의 입구에 두 개의 큰 파노라마관이 있

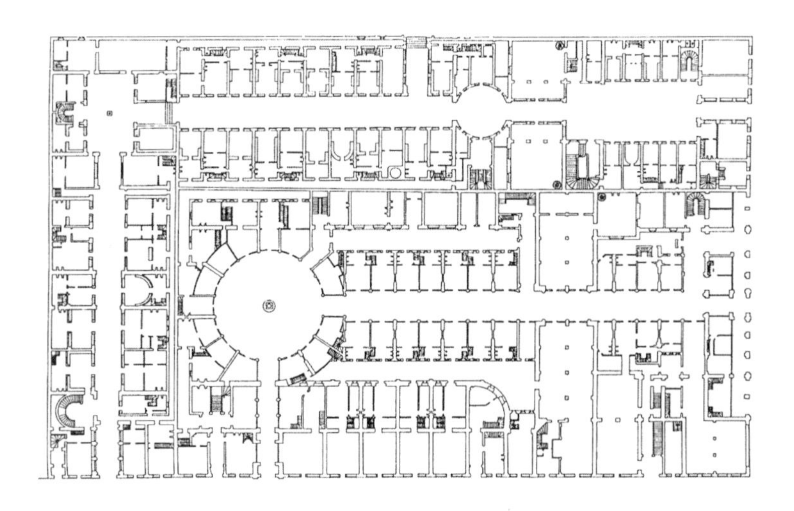

갤러리 비비안느, 1825년, 갤러리 콜베르, 1826년

었다고 기록되어 있다. 이 공간은 지금의 영화관과 극장을 합친 놀이공간과 같은 장소이다. 빛의 거리에 이미 놀이공간이 조성되었다는 점이 사뭇 흥미롭다.

지붕은 작은 지붕 형태이며 단면은 카이르와 흡사하다. 이곳에는 교차하는 몇 갈래의 길이 있고 미로처럼 되어 있어 공간에는 섬세한 변화가 있다. 이발소, 안경점, 귀금속점, 카페, 레스토랑, 그리고 패스트푸드 상점과 같은 가게들이 빽빽이 끼어 있어서 거리는 북적거린다. 상점의 구성으로 보아 고급이라고는 할 수 없다고 하더라도, 편리하고 서민적인 활력으로 넘쳐흐른다.

파노라마는 북쪽 방향에서 몽마르트 거리를 끼고 멋진 주프루아의 골목길로 연결되고, 남쪽 방향에서는 격조 있는 비비안느의 골목길로 연결된다. 그 중간에 있기 때문에 변화무쌍한 여러 골목길 망의 가장 중요한 부분을 형성하고 있다.

갤러리 비비안느Galerie Vivienne 1825년, 갤러리 콜베르Galerie Colbert 1826년

이 일란성 쌍둥이와 같은 갤러리는 파리의 현존하는 빛의 거리 중에서 가장 기품 있는 두 개의 작품이다. 미묘한 디자인의 차이가 서로 상승효과를 일으켜 더욱 부각되어 보이고 매력적이다.

초기에 완성된 비비안느는 바깥쪽에 위치한 L자 모양의 통로이다. 그 긴 변의 길이는 약 100m이며 짧은변의 길이는 약 50m이다. 이 통로에는 세 곳에 물을 모아두는 작은 공간이 있으며, 통로와 이 작은 공간 사이에는 높이 1m정도의 단차가 난다. 1년 늦게 완성된 콜베르는 안쪽에 위치한 L자 모양의 통로이다. 그 긴 변의 길이는 약 80m, 짧은 변의 길이는 약 25m이며, 절점부에 직경 17m, 높이 15m의 유리 돔으로 된 광장이 만들어져 있다. 또한 평면도에 보이는 것처럼 완전히 평행하게 늘어선 두 개의 갤러리였지만, 지금은 돔 아래에서 서로 결합되어 있다.

비비안느는 로마대상을 받은 장 들라누아Francois Jean Delannoy가 설계하고 콜베르는 그의 라이벌로 알려진 건축가 J.비요J. Billaud가 설계했다. 두 사람 모두 그 시대에 유행된 양식을 사용하여 고급스러운 통로 디자인을 선보이며 경쟁했다. 이것은 통로가 서민의 장소로서 뿐만이 아니라, 상류계급의 사교장으로서 사용되기 시작했음을 시사해 주고 있다.

지금도 미술품점, 부티크, 레스토랑, 서점 등의 고급 상점이 많이 있으며, 통로를 걷는 사람들은 카이르나 파노라마와는 다르게 여유롭고 조용하며 품위 있다.

갤러리 돌레앙Galerie d' Orléans 1828~1829년

팔레 루아얄의 중정은 넓고 웅장하다. V. 루이Victor Louis에 의해 1786년에 건립된 건축의 핵심 주제는 조용한 녹색의 정원과 역동적인 인공 정원을

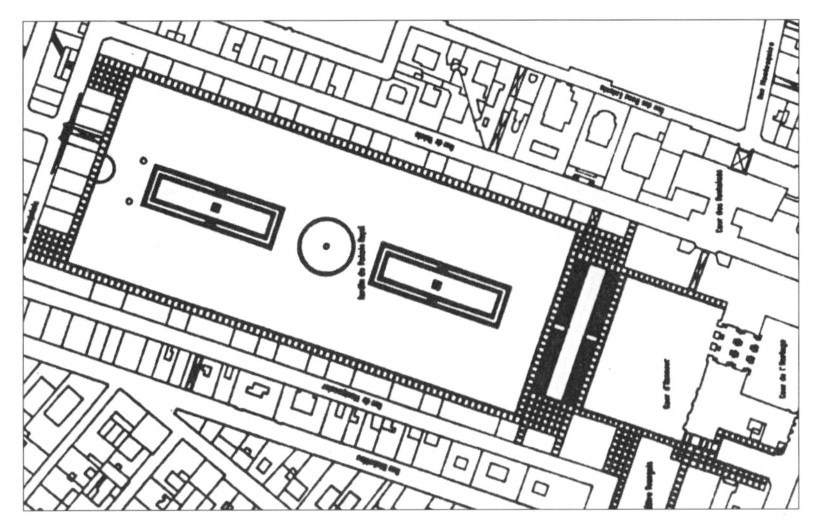

갤러리 돌레앙, 1828~1829년

둘러싸서 색다른 세계를 만드는 것이었다. 완공된 당시에는 기다란 기둥으로 둘러싸인 회랑 주변으로 상점이 늘어서고 중정에는 원형광장 등이 있었던 것 같다. 그 무렵 중정의 남쪽에 동서 방향으로 기둥이 늘어선 회랑을 연결하도록 목조로 된 아치 회랑이 설치되어 사람들이 모이는 중심 공간이 만들어졌다. 이것이 갤러리 드 보어라고 하는 빛나는 가로의 원형이다. 당시에 그려진 스케치를 보면, 이곳은 꽤 수수한 모습을 나타낸다.

1829년에 오를레앙 후작의 마음에 들어 P · 퐁텐Pierre Francois Leonard Fontaine이 이곳을 보다 건축적인 가로형의 갤러리로 개조했다. 전체 길이 약 100m, 폭은 약 30m의 갤러리이며, 중앙에 세운 큰 유리의 볼트 지붕은 약 길이 65m, 폭이 8.5m, 높이가 8m나 되는 규모였다. 이곳이 바로 파리 사교계의 중심이 되고, 신흥번화가의 중심이 되어, 많은 사람을 취하게 한 전설적인 빛의 거리이다. 그러나 1935년에 철거되어 현재는 회랑 부분만이 허공 속에

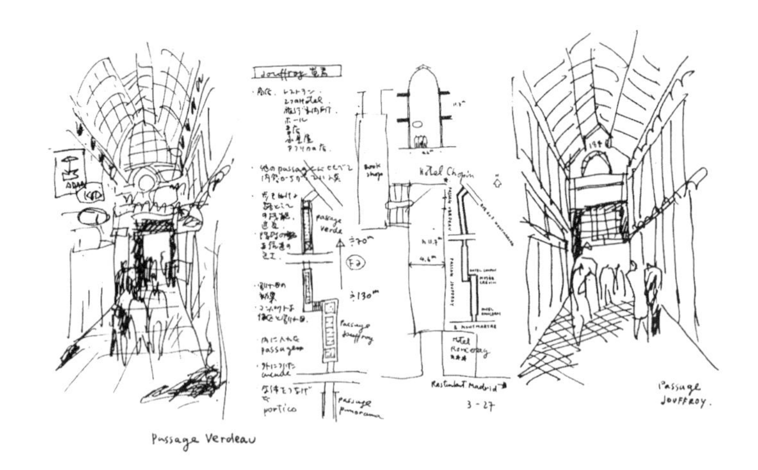

패시지 스케치, M. Suzuki

남아 당시의 번화함을 짐작케 한다.

패시지 주프루아Passage Jouffroy 1845년, 패시지 베르도Passage Verdeau 1846년

이곳은 남쪽에서 몽마르트 거리를 끼고 파노라마와 연결되고, 북쪽에서 베르도로 이어져 남북 방향으로 연장된 골목길이다. 이 세 곳 통로의 전체 길이는 350m가 넘는다. 주프루아는 중간지점에서 지그재그로 구부러져 있으며, 이 부분은 남쪽과 북쪽 사이에서 나는 1.5m의 높이 차이를 조절하는 계단실로 되어 있다. 주프루아의 길이는 약 130m, 폭은 3.5m, 양쪽에 둘러싸인 건물들은 2층으로 낮다. 그러나 유리볼트가 높고, 투광도가 좋으며, 상부로 열려 있는 모양을 하고 있다. 이 무렵이 되면 주철구조의 기술도 진보하고 판유리를 다루는 방식도 세련되어진다. 유리는 한 장 한 장이 떠올라 겹쳐지는 비늘 같은 이음법으로 상당히 섬세하고 부드럽게 보인다. 이 일련의 패시지

들은 유리나 주철구조의 사용 방식을 포함하여, 현재 파리에 남아 있는 19세기의 골목길에서 가장 아름다운 거리 중 하나라고 해도 과언이 아닐 것이다.

골목길을 형성하는 상점들은 주프루아답게 중요한 요소로서, 그 중에서도 계단 옆에 입구가 있는 납인형 미술관 뮤제 글레반Musée Grévin이나 쇼팡Chopin 호텔은 통로 공간의 북적거림과 유희성에 한몫 했음을 짐작하게 해준다.

발터 벤야민의 거리론

파리의 거리를 말할 때에 반드시 짚고 넘어가야 할 인물이 있다면 처음으로 통로의 의미를 깊이 있게 고찰한 사상가 발터 벤야민Waltter Benjamin(1892~1940년)일 것이다. 그는 빛의 거리를 거닐던 사람의 시점, 예를 들면 보들레르의 눈을 가지고 스스로가 산보하는 사람이 되어 그 거리를 산책함으로써 19세기의 사상, 문화, 예술의 무대로서 도시를 조망하려고 했다.

『독일비극의 근원』, 「보들레르」, 「기술복제시대의 예술」 등의 저작이 보여 주는 것처럼 그는 항상 각 시대의 주제를 지속적으로 탐구하고, 「도시의 초상」, 「베를린의 유년시절」, 「파리 19세기의 수도」 등의 도시론 및 도시문화론의 지평을 개척해 왔던 것이다.

그가 제시한 도시론의 중요한 한 부분을 차지하면서 동시에 그 전체를 포괄하는 사상체계로 의도된 것이 소위 『패시지론』이라고 하는 거리론이다. 이 책은 미완으로 끝난 작품이기 보다는, 이미지의 단편들을 모아 놓은 메모 형식의 글이다. 그래서인지 글 자체에서 전체적인 문맥을 가늠하는 일은 매우 어렵다.

그러나 그 특이하게 전개되는 상상력에 자극되어 우리들의 시대는 그의 콜라주에서 무수한 이미지를 짜낼 수 있다. 패시지라고 하는 현상에 채워진

패시지 주프루아, 1845년

다양한 도시의 이야기를 독해하려는 의도와 정열은 반드시 19세기 만의 관심이 아니라 현대의 도시론이 탐구하려고 시도하는 방향이기도 하다.

발터 벤야민이 이러한 방식으로 『패시지론』*을 기획한 것은 1920년 중반 무렵이다. 이 때는 마침 파리에 빛의 거리망이 확장되던 시기로부터 한 세기를 경과한 시점이었다. 또한 『파리 19세기의 수도』라고 부르는 패시지론의 핵심적인 아이디어가 등장한 때는 1935년이었으며, 이 시기는 때마침 평판이 나 있는 갤러리 돌레앙이 폐쇄된 해였다. 이렇게 보면 도시에서 사라져 가는 진정한 도시적인 부분과의 결별과, 그것을 잃은 현대문명에 대한 비판이 이 책에 담겨 있다고 할 수 있다.

그 중의 주요한 문장은 6장으로 되어 있다. 장마다 인명과 도시풍경 또는

---

* 『패시지론』 발터 벤야민Walter Benjamin(1892~1940년) 저작집 전15권, 정문사

현상이 대조적으로 묘사된 제목이 붙어 있다. '푸리에 혹은 통로', '보들레르 혹은 파리의 거리', '오스망 혹은 바리케이드' 라는 제목들이 그 사례다. 이렇게 입체적으로 배치된 주제는 도시의 제반 상황을 사고하기 위해 짜여진 유연한 네트워크일 것이다. 그것은 또한 발터 벤야민이 말하는 환상적인 도시현상의 많은 의미를 포착하기 위한 짜임새가 아니었는지도 모른다. 그래서 얼핏 흐트러진 풍경과 어떤 사건을 이어주는 것이 패시지이고, 그 빛의 근원을 산책하는 사람의 시선이라고 해석할 수 있을 것이다.

갤러리 비비안느, 1825년

패시지 파노라마, 1800년

패시지 주프루아, 1845년

패시지 베르도, 1846년

패시지 주프루아, 1845년

패시지 주프루아, 1845년

패시지 두 카이르, 파리, 1978~1799년

패시지 파노라마, 파리, 1800년

갤러리 콜베르, 파리, 1827년

갤러리 비비안느, 파리, 1825년

갤러리 비비안느, 파리, 1825년

갤러리 주프루아, 파리, 1845년

갤러리 주프루아, 파리, 1845년

갤러리 주프루아, 파리, 1845년

갤러리 비토리오 엠마뉴엘 2세, 밀라노, 1865~1877년

갤러리 움베르토 1세, 나폴리, 1887~1891년

갤러리 비토리오 엠마뉴엘 2세, 1865~1877년

굼, 모스크바, 1888~1893년

굼, 모스크바, 1888~1893년

굼, 모스크바, 1888~1893년

굼, 모스크바, 1888~1893년

Street of
Light

2

런던

로열 오페라 아케이드, 런던, 1816~1818년

JOHN McMASTER

거리의 격조

"런던의 경우 아케이드가 대표적인 빛의 거리 중 하나인가?" 라고 묻는다면, "그렇지는 않다" 고 할 수 있을 것이다. 그러나 오늘날 남아 있는 아케이드의 기원를 더듬어 가 보면, 빛으로 번쩍이는 골목길보다도 런던풍의 아케이드에 이르게 된다. 19세기 초반 파리에 무수한 골목길이 건설되기 시작한 무렵, 런던에서는 상당히 다른 형태의 골목길이 시작된다. 그것은 골목길이라고 번역되기보다 역시 아케이드라고 말해야 좋을 법한 형태이다.

이 시기에 이미 영국은 철과 유리의 가공기술을 가지고 있었지만, 거리에서 그것을 많이 사용하지는 않았다. 파리의 아케이드나 파노라마처럼 철과 유리로 된 지붕이 단순하게 연속되기보다는, 아케이드에는 적정한 어두움이 필요했다. 지나치게 밝은 것을 필요로 하지 않은 차분한 거리의 분위기가 요구되었던 것이다. 그 이유는 세 가지 정도를 들 수 있을 것이다. 먼저 들어서 있는 상점의 측면에서 볼 때, 아케이드는 상점 중에서도 최고급을 판매하는 가게가 늘어선 명품가라든지 특수 잡화점의 거리로 기획된 곳이다. 최초의 아케이드가 오페라 극장이라는 특정한 사람들이 모이는 장소에 건설된 사실이 이를 입증해 준다. 두 번째는 도시의 중심부에 주목받는 장소가 아케이드의 위치로 선택되었다는 점이다. 마침 이 무렵 계획된 존 내쉬John Nash의 리젠트 거리(1811년)와 피커딜리 거리 사이에 런던의 주된 아케이드가 위치하고 있다. 파리의 골목길처럼 뒤쪽에서 진입하는 길이 아니고, 그것은 앞쪽의 진입로로서 만들어졌다.

세 번째는 유리와 철을 다루는 기술이 패딩턴 역(1852~1854년)이나 수정궁과 같은 대형 공공건물을 표현하는 데 그 활용도가 커지면서, 아케이드의 지붕을 만드는 기술로만 사용되던 한계에서 벗어나게 되었다. 일반대중을 위한 비일상적인 공간을 표현할 때 그 밝기는 상류층이 이용하던 공간의 밝

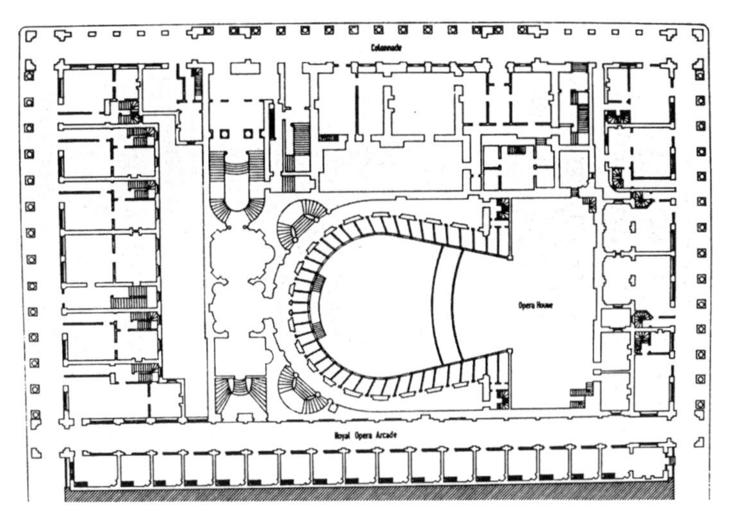

로열 오페라 아케이드, 런던, 1816~1818년

기와는 달랐을 것이다. 아케이드에서 필요한 것은 일상생활 속에서의 품격이었다. 적당한 비좁음과 약간 어두운 차분함은 세련된 디테일과 더불어 아케이드 공간을 가장 적절하게 해주고 있었다. 그리고 그 이유 때문인지 런던에서는 적지 않은 아케이드가 현재에도 옛날의 모습 그대로 남아 있다.

그 후 브리스톨, 맨체스터, 브라이톤, 리도 등의 지방도시에 아케이드가 보급되지만, 발생지 런던에서는 획기적인 빛의 거리를 세우는 두 개의 프로젝트마저도 미완성으로 끝나게 된다. 그 하나는 전체 길이 3.8km에 이르는 도시 교통간선 역할을 할 크리스탈 웨이 계획(1855년)으로서, 유리 아케이드와 지하철도가 서로 결합된 단면을 가진 계획이다. 또 하나는 역시 런던의 중심 가구 16km를 둘러싸며 순회하는 그레이트 빅토리언 웨이 계획(1855년)으로 조셉 팩스턴에 의해서 제안된 것이었다. 만약 이 계획이 실현되었다면 런던의 도시경관은 전혀 다르게 펼쳐지게 되었을 것이고, 빛의 거리의 역사도

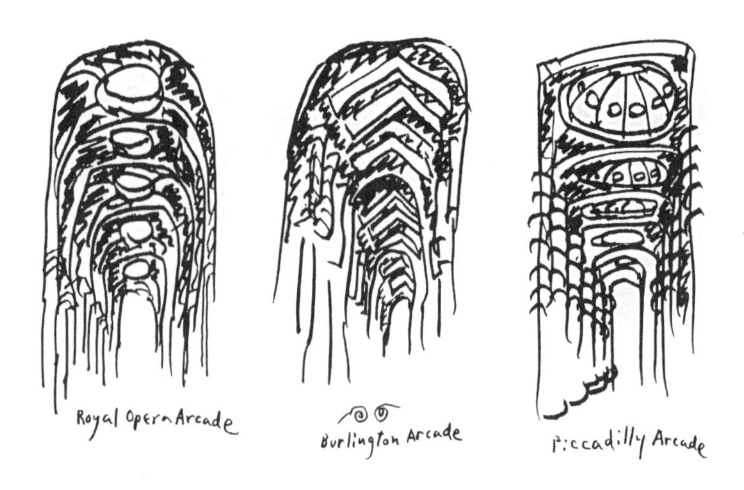

아케이드 스케치, M. Suzuki

크게 달라졌을 것이다.

로열 오페라 아케이드Royal Opera Arcade 1816~1818년

오페라 극장과 은행 사이에 끼어 있는 한 줄의 좁은 길이 그토록 유명한 이유는 이미 말했듯이 역사적인 가치 때문일 것이다. 이곳은 견고한 두께를 갖고 있는 데다가 깔끔한 디자인에, 200년에 가까운 역사를 가지고 있다.

오페라 극장은 회랑으로 둘러싸여 있고, 이 회랑에 인접하는 구역을 가로지르는 공간이 이곳에서는 아케이드 역할을 하고 있다. 극장 홀과 회랑을 연결한 곳에 아케이드의 거리가 더해져 건축과 도시 사이의 새로운 완충 영역이 이곳에 생겨나고 있다.

아케이드의 길이는 80m, 폭이 4m 정도이다. 길의 한쪽 면은 극장의 벽이고, 기둥 모양의 요철만이 붙어 있는 벽이 이어지고, 다른 한쪽 면에만 상점

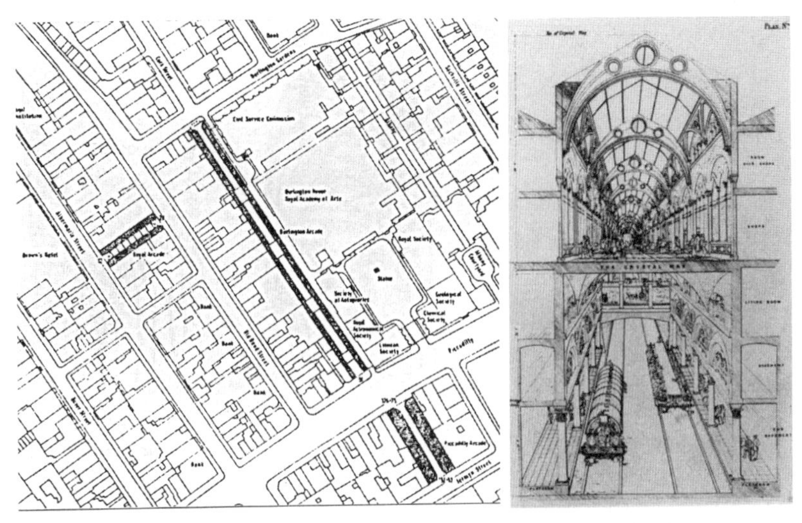

벌링턴 아케이드, 런던, 1818~1819년

크리스탈 웨이, 1855년

부스가 늘어서 있다. 부스의 단위는 작지만, 각 상점마다 지하실과 중2층이 배치되어 있다. 6.5m의 높이를 가진 볼트 천창에 부스마다 둥근 천창이 열려 있지만, 크림색의 벽에 반사되어 밝다. 곡면유리로 된 작은 여닫이풍의 쇼윈도가 반복되어 줄지어 있는 모습과 천창에 랜턴 하나가 드리워져 있는 모습은 아케이드의 기본 형태에서 배어날 수 있을 법한 간소한 기품을 보여주고 있다.

벌링턴 아케이드Burlington Arcade 1818~1819년

이곳은 르네상스풍의 장식을 한 벌링턴하우스에 접하여 남북으로 180m에 이르는 직선적인 아케이드이다. 로열 오페라 아케이드를 뒤이어 그 이듬해에 완성되었지만 이곳은 연속적인 합장형 유리지붕으로 되어 있어 전체적으로 밝고 경쾌한 느낌이 든다. 당초 설계는 천장이 있는 골목길이라고 불려

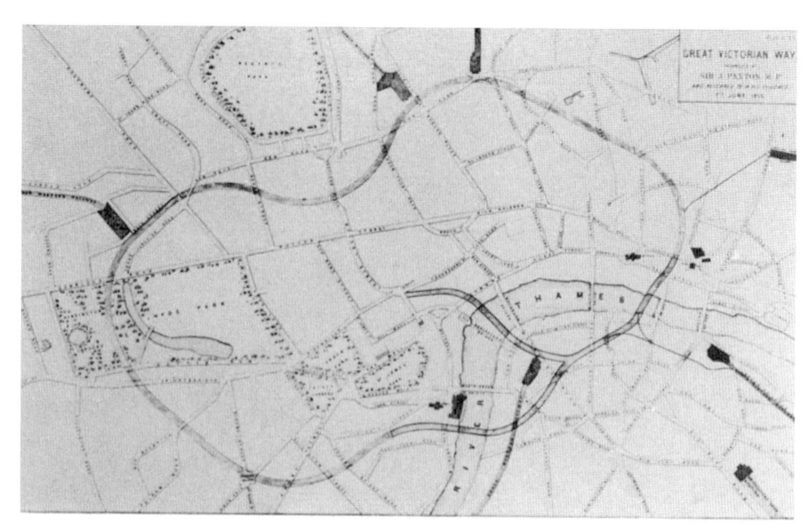

그레이트 빅토리안 웨이, 런던, 1855년

진 점에서도 알 수 있듯이 설계자는 파리의 카이르를 보고 배워 보다 밝은 가로를 설계했다고 전해진다. 도로폭은 4m 정도이지만 지하1층, 지상3층과 천정의 높이가 높고 아치와 유리지붕의 리듬도 있어서 역동적인 호화로움도 적절히 가미되어 있다. 양쪽의 상점부스는 평면에서 약간 변화된 모습을 보여 주지만 전체적인 측면에서는 1층의 진열대와 2층의 여닫이창이 반복되어 180m의 벽을 만들어 냄으로써 단조로운 모습을 나타낸다. 이러한 형태 때문에 가로의 길이가 한층 더 길게 느껴진다.

피커딜리 아케이드Piccadilly Arcade 1909~1910년

이곳은 벌링턴 아케이드로부터 1세기 후, 그 연장선의 하나로 피커딜리 거리에 세워진 새로운 아케이드이다. 불모지였던 런던의 아케이드 시대에 종지부를 찍는 작품이지만 오늘날의 멋진 상점가에 가깝다는 의미에서 현대 아케이드의 원조라고 할 수 있다. 볼트에 난 둥근 천창의 채광법은 로열 오페라 아케이드의 방식을 그대로 보여 주며, 전체의 단면 구성이나 쇼윈도의 디자인은 더욱 부드러운 곡선을 그리지만, 두 개의 아케이드가 연속된 리듬으로 이어져 있어 벌링턴 아케이드와 유사한 형태를 보여 주고 있다.

로열 오페라 아케이드, 1816~1818년

벌링턴 아케이드, 1818~1819년

벌링턴 아케이드, 1818~1819년

벌링턴 아케이드, 1818~1819년

피카딜리 아케이드, 1909~1910년

Street of Light

3

밀라노

갤러리아 비토리오 엠마누엘 2세, 1865~1877년

갤러리아 비토리오 엠마누엘 2세, 1865~1877년

갤러리아 비토리오 엠마누엘 2세, 1865~1877년

지붕이 덮인 광장

이 공간은 거리에 덮개가 설치된 곳이며, 도시의 일부가 완전히 내부화됨으로써 건축의 내부는 한층 더 심오한 느낌을 준다. 내부화된 거리를 사이에 둠으로써 건축과 도시가 중첩되어 대형화되고 그곳에서 다양한 공간이 생겨나게 된다.

이 공간은 두 가지 역할을 해내고 있다. 그 하나는 도시의 어떤 범위를 내부화하여 사람들의 생활공간을 확실하게 도시로 연장시키는 것이다. 또 하나는 도시라고 하는 보이지 않는 전체를 건축을 통해 가시화하는 것이다. 밀라노의 갤러리아가 충격적인 이유는 이 도시와 건축을 이어주는 가교역할을 함과 동시에, 건축 문화로 인해 가능하게 된 도시의 즐거움과 예지에 넘치는 표현이 그곳에 있기 때문이다.

1968년 무렵 학생운동이 한창이던 밀라노에 머물렀던 적이 있었다. 그런 시기였기 때문에 학생과 경찰대가 격렬하게 뒤엉켜 있는 것을 여기저기서 목격했다. 어느 날 거무스레한 두 개의 집단이 몇 번이나 돔 광장을 뛰어다니다 마침내 제 각각 큰 집단을 이루어 광장에서 갤러리아를 가로질러 달려서 스칼라 광장으로 사라져가는 모습을 갤러리아 속에서 숨죽이며 바라보고 있었다. 이렇게 비일상적으로 돌발적인 큰 사건이 일어나고, 그것도 아주 순간적으로 전개되며 의외로 자연스럽게 스쳐지나가는 듯한 느낌을 주는 그 공간의 규모에 감동을 느낀 것이다. 도시의 중심성에는 이 정도의 크기를 갖는 인간적 공간이 필요하다는 느낌이 들었다.

1985년의 봄, 여름에도 갤러리아의 큰 아치에는 보수공사용의 안전망이 한 면에 씌워져 있었다. 유리천정 밑에 쳐놓은 안전망을 통해 갤러리아의 아치가 아련히 보여서 마치 아지랑이가 내부에 흘러들어온 듯한 화면이 아련한 그림자를 만들고 공사 중이라는 사실을 잊어버리게 하는 경관을 만날 수

갤러리아 스케치, M. Suzuki

있었다. 이 정도의 높이와 섬세함을 가진 빛의 거리이기 때문에 그 광경이 자연스럽게 보였을 것이다.

이렇게 공사중에도 여느 때와 마찬가지로 저녁부터 삼삼오오 사람들이 모여들기 시작하고 그룹을 이룬 여러 무리의 사람들이 여기저기에 나타나기 시작한다. 테라스에 허리를 걸치는 그룹도 늘어나고, 원형으로 모여 이야기하는 사람들의 고리와 고리들이 점점 더 커지고 부딪혀서 말하는 목소리와 웃음소리도 옥타브가 높아지며, 재잘거리는 사람들과 속삭임이 엉켜 갤러리아의 저녁은 무르익어간다. 날마다 반복되는 이 광경은 학생운동 시기에도 보수공사 시기에도 계속되는 모습인 것이다.

이곳은 관광의 메카이긴 하여도 이 거대한 스케일 때문에 관광객에게 압도되는 일은 없다. 다만 가벼운 식사를 하는 가게로 변하고, 맥주전문의 테라스도 많아지고 있지만 레스토랑, 뷔페가 가운데에 있고, 자비니나 모타 등의

갤러리아 드로잉

갤러리아 스케치, M.Suzuki

오래된 점포들이 여기서는 아직도 건재하다. 요컨대 견고하게 마련된 이 무대공간에서는 여행자이든 시골 출신이든 간에, 오래된 점포도 새로 생긴 점포도 술에 취해 일상의 드라마에 참가하지 않을 수 없다.

갤러리아 비토리오 엠마누엘 2세Galleria Vittorio Emanuele II 1865~1877년

밀라노의 갤러리아는 밀라노 대성당(1386~1577년) 앞에 펼쳐진 광장의 북쪽에 위치하고 있다. 평면은 라틴 십자형으로 그 긴 축은 대성당의 동서축과 서로 직교한다. 다시 말하면 정확하게 남북을 향해 돔 광장에서 직선으로 스칼라 광장을 꿰뚫고 있는 뚜렷한 도시축을 형성하고 있다. 돔 광장에서 갤러리아의 공간을 통해 보이는 스칼라 광장의 모습은, 고전적인 수법이지만 가장 아름다운 조각을 보는 방법이다.

밀라노에는 엠마누엘 2세의 갤러리아에 앞서 1832년에 또 하나의 유리 갤

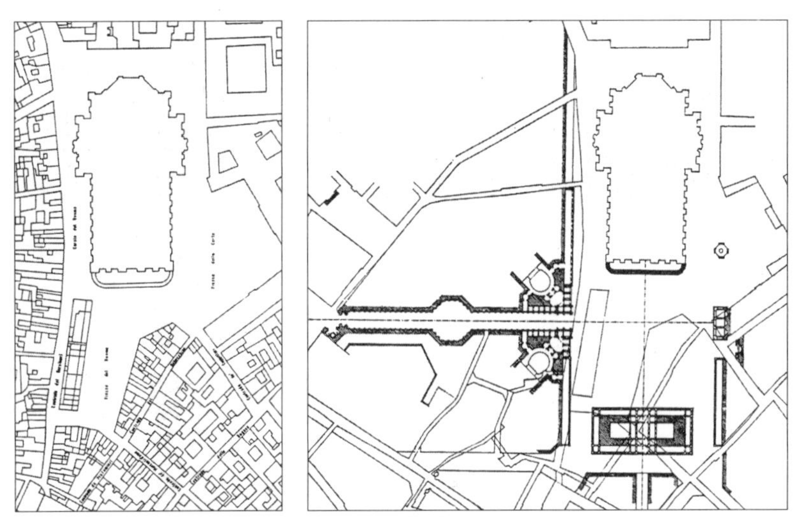

갤러리아 비토리오 엠마누엘 2세, 1865~1877년

러리아인 크리스탈 팔리스(1832년)가 존재하고 있었다. 이곳은 전체 길이가 150m이고, L자형 평면으로 폭은 3.5m 정도로 좁고, 높이는 3개층 정도로 엠마누엘에 비할 바는 아니지만, 같은 시대에 조성된 프랑스와 영국의 것과 비교해도 손색없는 거리였다. 결국 그 시대에 이미 밀라노는 갤러리아를 가지고 있었던 것이다.

엠마누엘 2세의 갤러리아는 1838년부터 여러 가지 설계안이 있었다. 그렇지만 4반세기 후인 1864년에 겨우 실제 설계안이 완성되었다. 현대의 위대한 여행자 중에 한 사람인 B. 루도프스키Bernara Rudofsky의 저서 『인간을 위한 가로』에는 갤러리아의 안이 결정될 당시에 일어났던 두 가지 에피소드가 소개되어 있다. 그 하나는 19세기 중반이라는 시대에 일반시민이 참가한 설계 공모에 의해 선정된 작품이라는 점과, 두 번째는 출품된 220개 작품 중에 40%에 달하는 안들이 건축가 이외의 일반인에 의해 제안되었다는 점이

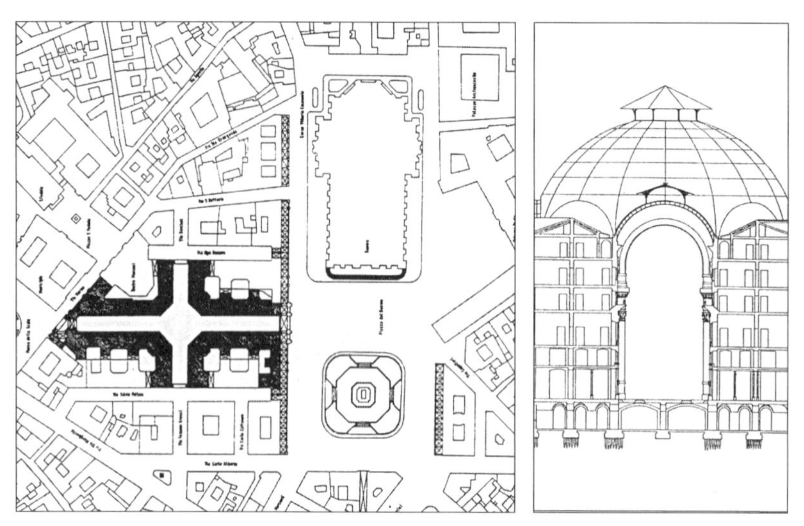

갤러리아 비토리오 엠마누엘 2세, 1865~1877년

다. 1위를 차지한 G. 멩고니Giuseppe Mengoni도 투시도법을 배우긴 했지만 건축가는 아니었다고 전해지고 있다.

G. 멩고니가 최초로 낸 계획안에서는 이미 스칼라와 돔과 남쪽에 있는 팔라초 레알의 세 광장을 관통하는 축이 제안되어 있었다. 투시축성(透視軸性)을 강조하는 방식이나 기념비적 건축물을 초점으로 한 도로망은 바로크시대부터 등장했으며 당연히 19세기의 도시설계의 상투적인 수법이었다. 그래서 축을 강조하는 방식에 독창성이란 있을 수 없다. 그러나 400m에 달하는 하나의 축이 3개의 광장을 결합하고, 더욱이 갤러리아와 개선문을 관통하는 빛의 거리로 완성되어진 점에 비추어 볼 때 분명히 웅장한 19세기의 산물이라고 하지 않을 수 없다. 확실히 갤러리아는 그 규모에 있어서 전대미문의 가로가 되었다. 거리라기보다 광장을 씌워놓은 공간이라고 말하는 편이 나을지도 모른다.

도시의 방

이미 언급했듯이 비토리오 엠마누엘 2세의 갤러리아는 남북 방향을 장축으로 한 십자형으로 되어있다. 그 긴 축은 215m 이며, 짧은 축은 105m, 폭은 14.5m이다. 높이는 건축처마 높이가 25m, 유리 볼트의 정점에서 약 30m 높이를 가진다. 중앙교차점 부분은 평면에서 보면 각이 진 팔각형이며 그 상부에 직경 40m의 큰 돔이 얹혀진다. 그 큐폴라cupola*의 정상부까지 47m에 가까운 스케일을 자랑하고 있다.

양측의 건물은 이 거대한 유리지붕의 지주 역할을 하도록 디자인되었다. 입면은 4층으로 구성되어 있다. 즉 아치가 있는 1층, 여닫이창을 가진 2층, 회랑을 가진 3층, 유사한 칼리아치드Caryatid**가 있는 4층으로 보인다. 그러나 겉보기로 수직성을 과장한 입면과는 달리, 단면을 보면 지상 6층 그리고 지하 1층의 7층 구성임을 알 수 있다.

1층의 주출입구와 2층의 중2층Mezzanine은 주로 각종 점포와 레스토랑 등에 할애되고, 천정이 높은 3층은 클럽과 스튜디오나 사무실 등으로 사용되고, 그 위는 주거공간으로 사용된다. 이러한 배치는 이미 복합적 도시건축으로도, 입체적 주상복합으로도 불릴 수 있는 구성이다. 각종 크기에 맞춰 1,300개의 방이 있지만, 이 방들 전부가 갤러리아의 대형 공간을 향해 창문을 열고 있는 모습을 상상하는 것만으로도 이러한 추측이 충분히 설득력을 가질 만한 구성이다. 18세기부터 19세기에 걸쳐 발달한 도시형 아파트의 전형적인 단면이지만 이곳에 갤러리아가 포함됨으로써 안과 밖의 관계에 극적인 요소가 더해진 것이다. 특히 반 이상의 방을 주거가 차지하고 있기 때문에 반대로 갤러리아의 공간도 평온함과 부드러움을 가진 도시의 표정으로 바뀌

---

* 큐폴라. 반구천장(半球天障), 반구천장 위의 뾰쪽탑이나 그 돔과 붙어 있는 둥근 지붕을 말함

** 칼리아치드. 그리스건축의 옷자락이 늘어진 여인상이 있는 기둥

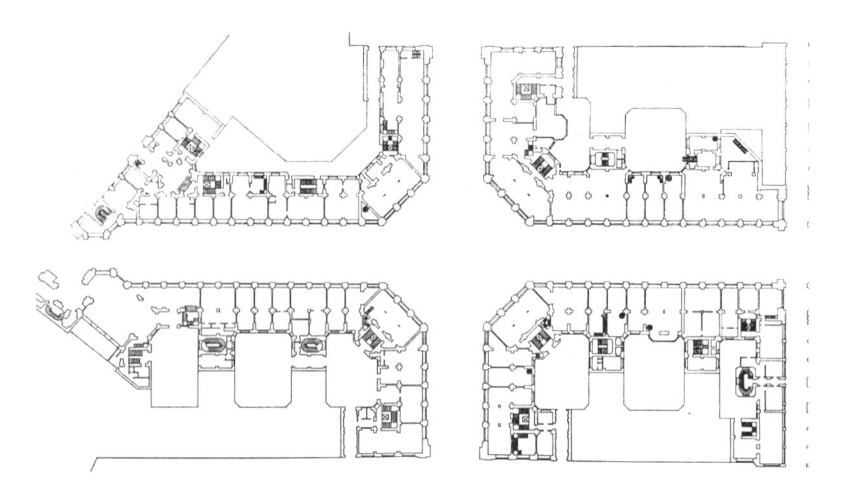

갤러리아 비토리오 엠마누엘 2세, 1865~1877년

고 있다.

구조기술적인 차원에서 대형아치를 설치하고 유리를 덮는 방식은 20년 전에 수정궁을 통해 완성된 기술이었다. 박람회나 기차역사에서 발달된 기술이 갤러리아를 통해 다시 도시의 중심에 빛의 거리를 세우는 기술로 되돌아온 점에 큰 의의가 있다. 왜냐하면 이 모험 덕분에 나폴리와 토리노 등지의 이탈리아에서 미국이나 러시아에 여러 가지 빛의 거리의 새로운 조류가 전 세계로 퍼져 나갔기 때문이다.

갤러리아, 사울 스타인버그의 그림, 1949년

갤러리아 비토리오 엠마누엘 2세, 1865~1877년

갤러리아 비토리오 엠마누엘 2세, 1865~1877년

갤러리아 비토리오 엠마누엘 2세, 1865~1877년

갤러리아 비토리오 엠마누엘 2세, 1865~1877년

갤러리아 비토리오 엠마누엘 2세, 1865~1877년

갤러리아 비토리오 엠마누엘 2세, 1865~1877년

Street of
Light

4

나폴리

갤러리아 움베르토 1세Galleria Umberto | 1887~1891년

밀라노에 거대한 빛의 거리가 탄생한 뒤 4반세기 후에 이탈리아 남부에 19세기의 대미를 장식하는 대형 갤러리아가 건설된다. 규모는 비교하기 어렵지만 이 갤러리아는 적어도 그 단면 모양에서 볼 때 세계 최대라고 할 만한 규모를 가지고 있다.

이 갤러리아는 나폴리항의 해안 가까이에 있다. 산타루치아의 오래된 주거지구, 17세기에 건설된 카스텔 누오보Castel Nuovo, 18세기의 산 카를로그 강, 소렌토의 타소Tasso 광장, 선착장과 항구 건물 등이 이 갤러리아를 에워싼 건축 환경이다. 주변에 밀라노처럼 널찍한 광장과 대성당은 없지만 이곳 역시 밝고 시원한 도시의 중심에 자리잡고 있다.

처음으로 이 주변을 거닐어 본 것은 나폴리 가까이의 작은 섬 플로치다에서 취락조사를 하고 돌아 올 때였다. 햇볕에 그을리며 어촌을 돌아본 후라서 그런지 갤러리아 그늘의 시원함을 잊을 수 없었다. 그곳에 있었던 것은 바닷바람이 불면서 통과하는 갤러리아였다.

발터 벤야민은 『도시의 초상』 중에서 나폴리의 건축에 관해 설명하고 있다. "이런 바위와 같은 다공질 유형이 (나폴리의) 건축이다. 중정, 아케이드, 그리고 계단에서 건축과 행위가 뒤섞여 있다." 플로치다 어촌은 해안의 바위에 뚫린 다공질의 주거지다. 그리고 이 바닷바람이 통하는 갤러리아도 거리에 뚫린 다공질의 가로일 것이다. 그 뚫린 구멍 속을 바람과 사람들은 의외로 자연스럽게 통과해 가는 것이다.

높이가 높기 때문에 바람이 잘 통한다. 팔라디오 양식의 내부 파사드가 평활하기 때문에, 그리고 그 매끈한 표면 때문에 아무 저항도 받지 않고 공기나 소리가 움직이는지도 모른다. 나폴리 거리 특유의 냄새도, 버려지는 종이 조각 등도, 그 바람에 실려 흩날리고 있다. 형태는 밀라노의 갤러리아와 같을지

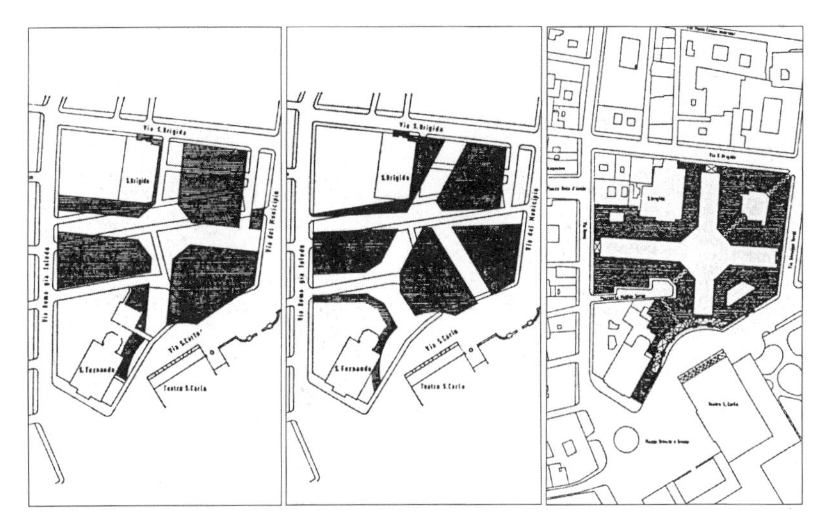
갤러리아 움베르토 1세, 나폴리, 1887~1891년

라도 이곳이야말로 나폴리 고유의 갤러리아이다.

갤러리아 움베르토 1세는 1880년에 계획되기 시작하여 5년 후에야 겨우 E. 로코Emanulele Rocco에 의해 실제 설계안이 정리되었다. 도시의 가로 구획이 부정형이고 이곳에 갤러리아를 적절히 배치하는 데 시간이 소비되었기 때문에 결과적으로 어쩔 수 없이 밀라노의 갤러리아와 똑같은 라틴십자형의 배치가 되었다.

분산되어 있는 기념비적인 건축물과 부정형의 높낮이가 있는 부지에 뚜렷하게 완성된 십자형의 평면으로 인해, 안과 밖을 관통할 듯한 축은 소멸되고 있다. 어쩌면 이 양상 또한 다공질인 나폴리다움일지도 모른다.

밀라노의 갤러리아가 일류 쇼윈도라고 한다면 나폴리의 갤러리아는 훨씬 고풍스런 느낌이 드는 장소이다. 지하에는 영화관, 지상에는 나이트클럽과 당구장이 있고 인쇄소와 여행대리점에 섞여서 토산품점이 들어 있다. 아이

갤러리아 움베르토 1세, 1887~1891년

들이(밀라노 갤러리아에는 아이들이 많지 않다) 공을 차면서 갤러리아를 쏜살같이 뛰어다니고 있다. 당연히 그곳을 가득 채워 가고 있는 해질녘의 소리와 빛도 나폴리의 개성을 빛내고 있다.

갤러리아 움베르토 1세, 1887~1891년

갤러리아 움베르토 1세, 1887~1891년

갤러리아 움베르토 1세, 1887~1891년

갤러리아 움베르토 1세, 1887~1891년

Street of
Light

5

모스크바

굼, 모스크바, 1888~1893년

굼, 모스크바, 1888~1893년

굼, 모스크바, 1888~1893년

굼, 모스크바, 1888~1893년

굼, 모스크바, 1888~1893년

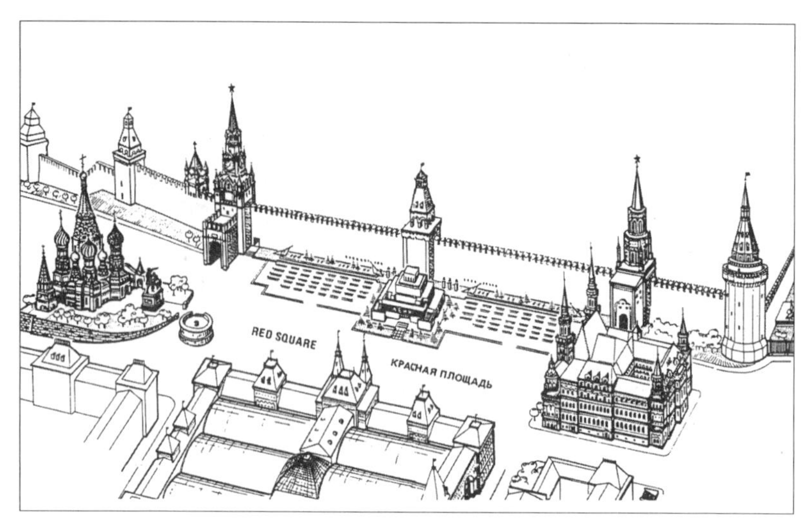

굼, 붉은 광장

굼Gum 1888~1893년

필자는 1967년 노동절에 모스크바에 있었다. 붉은 광장을 메운 군중, 군대의 퍼레이드, 붉은 기의 물결, 또 물결, 지나칠 정도의 슬로건을 내건 간판 등은 그 어떤 건축 양식보다도 그날의 모스크바를 더 잘 표현하고 있었다. 멈춤이나 막힌 곳이라고는 없는 붉은 광장의 광활함, 건물과 건물의 사이에 확 트인 간격은 그날을 위해 운집한 군중, 붉은 깃발 그리고 장엄한 행사을 위해 준비된 것 같은 생각이 들었다.

붉은 광장이 둘러싸여 있다면, 그것은 다음 네 개의 건축물에 의해서라고 할 것이다. 우선 크렘린에 인접한 붉은 성벽, 몇 개의 탑과 레닌의 묘와 관람대를 포함한, 이를 테면 정면의 벽이 있다. 다음에 독특한 형태로 화려한 색의 지붕을 가지고 독립적으로 건축되어 있는 성 바실리 사원(1873~1883년)이 남쪽에 있다. 북쪽에는 붉은 벽돌로 된 국립역사박물관(1878~1883년)의 울

굼, 모스크바, 1888~1893년

퉁불퉁한 건축물이 있다. 그리고 동쪽에는 아주 특징 없이 거리로 이어진 건축물들이 줄지어 서 있다. 이 건물들은 둘러싸고 있는 요소라고 말하기에는 너무나 산만하며, 낮고, 통일적이지 못한 건축을 이루고 있기 때문이다. 다시 말해서 700×130m, 90,000m^{2}에 이르는 붉은 광장의 공기가 거의 확산하지 않고 있을 정도의 돌출된 물건에 지나지 않아 이곳은 상당히 에워싼 정도가 얇고 음영이 없는 광장으로 보이는 것이다.

그러나 붉은 광장에 드러누운 그 특징 없는 건물이 국립백화점인 굼이라는 사실을 알고부터는 다소 이 생각을 수정하게 되었다. 실제 그곳에 들어가 보면 붉은 광장이 광장이기 위해서는 노동절에는 어떨지 모르나 굼의 존재를 빼놓을 수 없다는 것을 알게 된다. 밀라노처럼 광장과 갤러리아가 시각적으로 개방되어 결합되어 있지는 않지만, 이 러시아 광장에서도 사람들이 모이는 집회 기능만 존재하는 것은 아니다. 붉은 광장이 광장으로서 존재하기

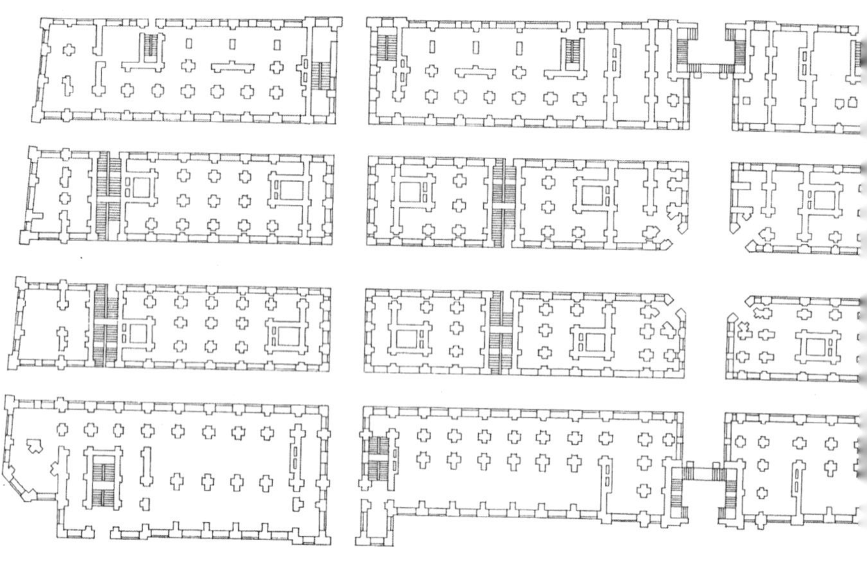

굼, 모스크바, 1888~1893년

위해, 건축적으로 조성된 갤러리아풍의 빛의 거리가 무표정한 파사드 뒤에 숨겨져 있고 그 강인한 공간의 혼이 층을 이루며 배후에서 광장을 아우르고 있는 것이다.

보따리상의 거리

붉은 광장은 그 성립 배경에서 보면 시장이 확장된 곳이라고 말할 수 있다. 15세기 말에 크렘린에 성벽이 축조된 후로 그 성벽을 따라 광장처럼 발달한 것이 노천시장(베르키 토로크)였다고 전해진다. 이곳이 정비되고 광장으로 바뀌면서 시장이 한군데 모여 지붕을 갖는 굼이 된다.

1888년에 광장과 시장을 어떻게 연결할 것인가란 주제로 설계 경기가 개

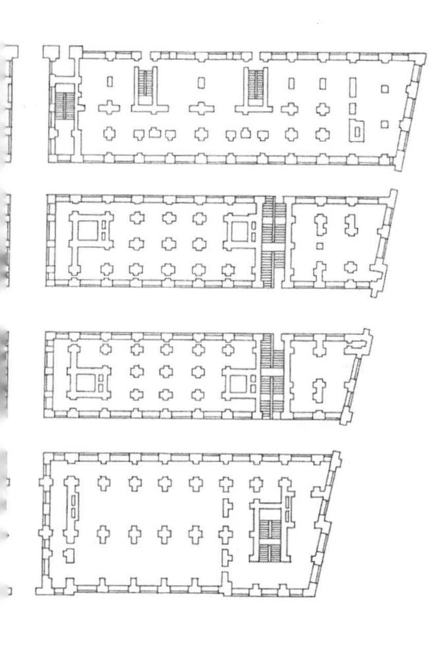

굼, 붉은 광장

최되었다. 이 경기에서 광장에 위엄을 주는 입면을 건설하고, 이와는 대조적으로 내부에 심오한 대형 가로를 갖는 상트페테르부르크의 건축가 포메란체프 A. Pomerantzev의 안이 1위를 차지했다. 이렇게 해서 광장에서 보면 닫혀진 건물이지만, 내부에서는 붉은 광장을 바라볼 수 있는 방식, 어쩌면 추운 나라에서 나타나는 내부와 외부의 관계에 있을 법한 연결 방식이 완성되었던 것이다.

따라서 굼의 규모는 붉은 광장에 맞게 웅대하지 않으면 안 된다. 광장에 면하여 펼쳐진 255m의 정면 폭을 가진 입면은 정말로 당당하다. 이 면에 시장 거리로 나있는 세 개의 출입문이 있다. 중앙의 입구가 8m 정도의 넓이를 가지고 있지만, 광장의 규모에 비해 역시 작은 개구부에 지나지 않는다. 전체

건물의 세로 거리는 95m이며 4열의 건물 동으로 분할되어 있고, 그 사이에 생긴 3열의 거리에 걸쳐 유리로 된 볼트가 설치되어 있다. 여기에서도 중앙의 가로 입구가 다른 것보다 약간 넓다. 따라서 굼 전체의 구성은 땅 위에 세워진 건축물이라고 한다면 16개의 건물 군이 집합한 것이며, 그림에 나타난 빛의 거리로 본다면 3개의 거리가 가로 방향과 세로 방향으로 정연하게 교차하고 있는 것이다. 그래서 중앙의 거리가 다른 것보다 약간 넓고 제일 가운데에 돔이 얹혀진다. 이 빛의 거리들이 여러망을 이루며 200개에 가까운 상점이 짜임새있게 처마를 나란히 대고 늘어선다. 굼의 건축면적은 약 24,000m², 연면적은 약 60,000m²에 달한다. 이 중 유리지붕에 덮인 빛의 거리 부분은 총 길이가 1km, 면적으로는 7,000m²에 이르며, 이 비율은 전체의 28%에 해당된다. 그리고 이 치수는 밀라노 갤러리아의 약 2배이다.

백화점이라고 불리는 굼은 거리에 인접해서 노점이 서는 바자이다. 건축적으로 정연하지만 모이는 사람들의 혼잡한 모습은 수크의 경우와 유사하다. 쇼핑을 목적으로 모여드는 사람들이 많기 때문에 갤러리아의 역동적인 즐거움에는 미치지 못한다. 하지만 사람들의 일상적인 교류 장소임에는 변함이 없다.

상경한 사람이 많기 때문에 그 혼잡은 더욱더 소박한 만남이라고 해도 좋을 것이다. 터널모양의 콘코스나 계단, 거기에 다리나 데크 등은 사람들이 즐기고 대화하는 장소를 만들어 내면서 동시에 시각적으로도 무대장치적인 요소가 되고 있다.

남북 방향으로 난 가로들의 벽 한 면은 제각각 담채색으로 칠해져 있다. 천장에서 내려오는 빛을 받아 바로크풍의 몰딩에 약간의 그림자가 생기지만 벽의 요철이 적기 때문에 세 가지 색을 띠는 이 벽의 색조는 큰 장식적 요소가 된다. 첫 번째 줄은 파랑색, 큐폴라(둥근 지붕)면의 두 번째 줄은 베이지색,

세 번째 줄은 녹색 등 모두 파스텔조의 색채이고 모스크바나 레닌그라드의 거리를 장식하는 색조와 같다.

굼보다 훨씬 짧지만 모스크바에는 빛의 거리가 또 하나 있다. 볼쇼이 극장의 동쪽, 페트로브스키Petrovsky거리와 네그린라야 대로大路를 잇는 두 열의 가로이다. 페트로브스키 로路라고 입구에 써 있기 때문에 당연히 거리라고 불러도 좋겠지만 이곳도 일반적으로는 툼Tum백화점이라고 불리고 있다.

설계는 굼의 설계자 포메란체프와 쇼쇼프의 공동작업으로 이루어졌기 때문에 단면형상은 굼과 닮아 있다. 지붕의 볼트 구조도 굼처럼 인장재를 많이 써서 상당히 세밀한 철재로 짜여져 있어 아름답다.

1981년과 1982년에 걸쳐 두 번 이 골목길을 방문했지만 두 번 모두 사진 촬영을 제지당하고 말았다. 백화점이라고 말하기에는 관광객이 전혀 오지 않을 것 같기 때문에, 그저 이곳 사람들만이 알고 있는 장소에 그쳤을지도 모르지만, 그렇다고 하더라도 19세기의 최후를 장식한 빛의 거리의 당당한 정경을 더욱 더 많은 세계의 사람들에게 자랑해도 좋지 않을까 하는 생각이 든다.

굼, 모스크바, 1888~1893년

굼, 모스크바, 1888~1893년

굼, 모스크바, 1888~1893년

굼, 모스크바, 1888~1893년

툼, 페트로브스키 패시지, 모스크바

해설 _ 빛의 거리의 부활

파리의 생산력

화려한 매력을 자랑하는 파리라고 해도 대도시인 만큼 변모를 거듭한 역사를 갖고 있고 좋든 싫든 간에 개조 과정을 거치면서 현재의 모습을 유지하고 있다. 금세기 후반에 들어서 이렇다 할 변화도 없는 파리를 가지고서 퇴색한 도시가 오로지 과거의 기념물을 팔면서 명성을 얻고 있다는 비난을 받기도 했다.

어떠한 대도시도 잠자고 있는 것처럼 보이는 시대가 있고, 이 양상은 그 나름대로 도시에 내재되어 있는 근원적인 힘을 대수롭지 않게 보는 시대에도 존재했던 것이다.

도시의 문화적 유산은 경제기반이 어떤 상황에 처하더라도 하루아침에 소멸되거나 사라지지는 않는다. 지금 굳이 파리에서 발견되었다는 관점에서 보면, 역시 이 문화적 유산의 압도적인 가치를 재조명하는 작업이 반드시 필요하게 된다. 그래서 이 관점을 회화나 조각이라는 겉으로 드러나는 장식된

포럼 데 알, 파리, 1976~1984년

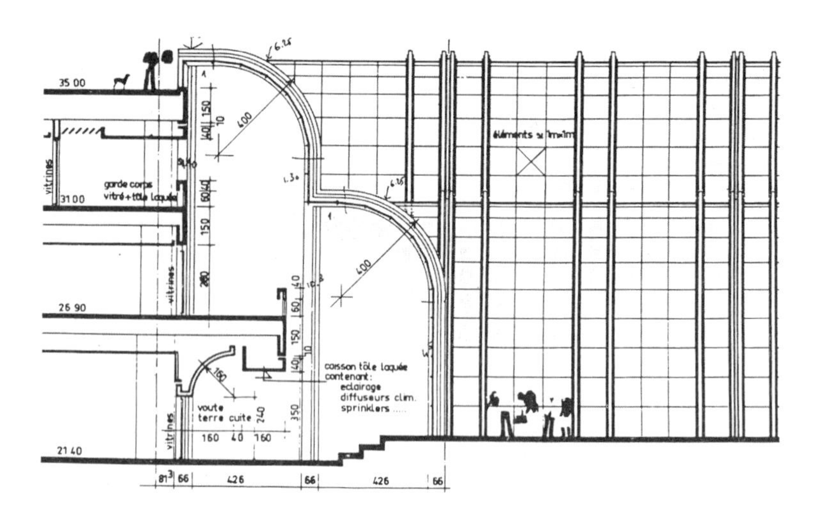

포럼 데 알, 파리, 1976~1984년

예술적 가치와 기념비적 건축물의 관광자원적 에서부터 벗어나 보통의 건축, 건축과 도시 사이의 틈새를 지탱해 온 공간의 장면 하나하나로 옮겨지지 않으면 안 된다. 그 속에 빛의 거리라고 하는 공간이 포함되어 있다고 할 수 있다.

많은 사람들이 지금 파리를 흥미롭게 생각하는 이면에는, 단지 눈에 보이는 도시의 표면이 아닌, 그 개성에 의해서 생성된 것임을 냉정하게 관찰할 수 있는 무언가가 있다. 이것을 발견, 발굴 작업에 의해 잠재적으로 파리가 가지고 있던 도시의 조직이 지금의 모습이 될 수 있었던 것일지도 모른다.

어떠한 역사적인 도시도 파리처럼 거리에 의해 개성을 창조한 도시는 별로 없다. 파리의 형태, 파리의 경관을 파리답게 만들어 준 것은 건축 이상으로 교통망과 거리라고 말할 수 있다. 그 필두에는 오스망에 의해서 관통된 방사형 대로가 있다. 좀더 정확히 말하면 대로와 전통적인 거리의 연결 방식이

퐁피두센터, 파리, 1977년

다. 대로에 의해서 통로가 끊어져 분리되고, 시민들로부터 통로를 빼앗고, 동시에 바리케이드의 성립조건이 파괴되었다는 발터 벤야민의 비판도 옳은 지적이지만 대로가 생기면서 새로운 거리가 만들어졌다는 지적도 틀린 말은 아니다.

파리처럼 도시에서 많은 대로가 유명한 도시는 별로 없다. 이 정도까지 건축적으로 초점을 정확하게 지향하여 건축이나 기념물을 눈에 띄게 보여 주도록 철저하게 실행에 옮긴 도시도 없다. 개선문이나 에펠탑처럼 건축을 개방하여 시선을 투과시킨 일도 이 성과 속에 포함된다.

센 강에 세워진 다리들도 거리의 한 유형이지만 그 중에 어느 하나도 같은 모양으로 되어 있지 않고, 다리로서의 기능을 능가하는 아름다운 모습을 가지고 있다. 강도 도로 디자인의 대상이라고 한다면 이 강은 세계의 대도시를 흐르는 그 어느 강보다 거리 지향적으로 사용되고, 사람과 거리에 순응하고

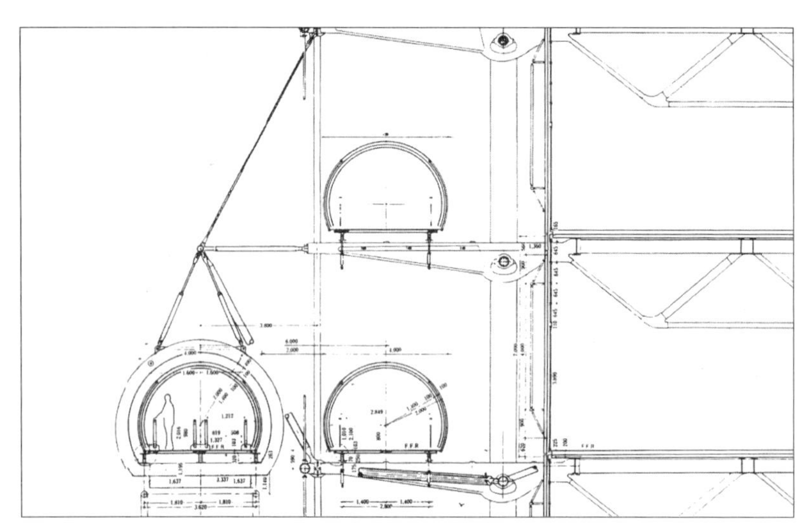

퐁피두센터, 파리, 1977년

있는 것이다. 이것은 지상에서만 나타나는 양상이 아니다. 지하철망의 완벽함은 노후화되어 있어도 지금까지 세계의 그 어느 도시도 따라갈 수 없을 정도이다. 그곳을 거닐고 있으면 지하거리인 듯한 공기가 풍기고 있음을 알 수 있다. 지하철의 출입구를 이처럼 유명한 디자인으로 장식한 도시가 있을까?

이렇게 본다면 결국 빛의 거리인 패시지나 갤러리도 다른 요소들과 같은 모습으로 이 도시를 지탱하는 거리이고, 문화적 유산의 하나임이 분명해진다. 그래서 이 공간들은 다른 거리처럼 자연스럽게 뒤편에 숨은 그림자가 되어 파리에 생산력을 올려 주는 빛의 거리인 것이다.

도시의 프리즘

지금 파리에서 진행되기 시작한 변화를 주의 깊게 살펴보면, 빛의 거리의 부활이 시작되고 있음을 알 수 있다. 패시지 공간이 확장되기도 하고, 갤러리

오르세 미술관, 파리, 1986년

공간이 새로이 거듭나기도 한다. 뭐라고 말해도 유리로 된 천정에서 내려온 빛은 이 도시 공간의 중요한 요소이며 또한 도시에 잘 어울리는 것이다.

이 과정에서 건물과 거리구획 전체가 유리로 둘러싸여지는 것이 아니라 적은 유리면을 효과적으로 흡수하는 가로 건축의 수법을 받아들이는 경우가 많다. 따라서 오래된 거리구획과 새로운 건축의 조화로운 공존 방법도 다양하게 나타난다.

그 출발점은 퐁피두센터(1977년) 정도가 아닐까? 이 건물은 파리의 중심부에 처음으로 완성된 대규모 현대건축의 모험적인 예이다. 찬반양론이 들끓는 건물이었지만, 이 도시에서 문화적 핵을 이루고 있다는 데에는 이론의 여지는 없을 것이다.

철골조가 외부에 드러나 있는 유리 건축물에는 상징적으로 유리튜브로 된 거리가 부착되어 있다. 지그재그로 상승하고 있는 에스컬레이터 지붕을 입체적인 빛의 거리라고 불러도 좋을 것이다. 미술관의 다목적 전시공간인 이곳을, 그랑 팔레나 푸치 팔레 또는 백화점 라파예트처럼 유리로 된 큰 돔과 유사하게 만들었어도 좋았을지 모른다. 그러나 선택된 것은 광장의 퍼포먼스를 즐기기 위한 패시지 공간이었다.

근처에 개발된 레알 광장(1984년)은 그야말로 시장 공간의 적지(跡地)로 만들어진 복합적 도시 센터이다. 레알 시장 일대는 일찍이 파리를 상징하는 번화한 통로답게 활력이 넘쳤다. 아쉽게도 이 기념비적 건물은 헐렸지만, 그 일대의 활기는 광장으로 이어지고 있다. 지금 거의 완성된 광장을 보면 어디로 가나 패시지가 있고 갤러리가 있다. 이 건물은 퐁피두센터와는 반대로 지하에 중정(中庭)을 가지고 있고 밖에서는 보이지 않지만 이 중심 공간을 에워싼 2중, 3중의 미로 같은 유리의 거리가 둘러서 있다.

퐁피두센터와 레알광장 모두 19세기 유리로 된 골목길의 초기 형태를 가진 지구를 재개발한 것이고, 주변에는 지금도 몇 개의 패시지가 남아 있는 이를테면 명문 지구인 것이다.

한편 세느 지구 왼편 강가에는 개관한 지 얼마 안 된 오르세 미술관(1986년)이 있다. 박람회용의 역사로 건설된 오르세 역(1897년)은 1세기 가까운 긴 잠에서 깨어나 미술관으로 변했다. 이 역사 건물은 미술관으로 변모하기 위한 절대조건인 천장을 가지고 있었던 것이다. 역사 건물에 요구되어 온 장대함은 여행자의 기분을 들뜨게 만들어 여행자로부터 귀환을 포용하는 기분 좋은 공간이어야만 했다. 특히 여행하는 사람들에게 감동을 심어 준다는 차원에서, 역사 공간은 미술관이 요구하는 공간과 유사한 특질을 지닌다. 그리고 이곳에 19세기가 요구했던 빛의 공간은 21세기의 미술관을 통해 비춰 보게 된다. 위치도 루브르 궁의 건너편 강가에 있으면서, 이 오래된 건축물은 이미 파리의 명소로서 갤러리아의 소리를 울려 퍼지게 하고 있다.

루브르 궁, 파리, 1989년

1989년은 프랑스 대혁명이 일어난 지 200주년 되는 해다. 이를 기념하기 위해 지금 루브르 박물관은 대보수 중이다. 그 중심이 되는 중정의 출입구는 삼각형의 유리 피라미드이다. 여기에도 비난과 명예로움, 칭찬과 폄하가 상반되는 공간의 모험이 전개되고 있지만, 만약 파리가 지닌 빛의 거리의 전통에 비추어 보면 지하 깊은 곳에 빛이 들어와 큰 갤러리를 만들어 내는 계획은 사람들의 지지를 받을 수도 있을 듯하다.

결론 부분에서는 파리에 대해서만 썼다. 기술론적인 차원에서 보면 유리로 된 천정은 이미 낡은 것밖에 남아 있지 않은 시대가 되었다. 이제 세계적으로 도시건축의 목적은 아트리움 기술을 가지고 어느 정도까지 풍요로운 빛의 거리 공간을 획득하는가에 달려 있다고 본다. 새로운 빛의 거리를 추구하기 위하여 지금이야말로 전통 거리에서 많은 것을 배워야 하지 않을까?

참고문헌

「보들레르」, 『발터 벤야민 저작집』, 1975, 정문사.

「새로운 천사」, 『발터 벤야민 저작집』, 1975, 정문사.

松村昌家, 『水晶宮物語』, 1986, 리블로 포-트.

海野弘, 『지하도시로의 여행』, 1975, 青土社.

海野弘, 『四都市物語』, 1978, 筑摩書房.

鈴木恂, 「통로의 구조」 (논문), 1983, 칼럼.

鈴木恂, 「세계의 거리」 (논문), 1979, 스틸 디자인.

Johann Friedrich Geist, *PASSAGEN*, 1969, Prestel.

Johann Friedrich Geist, *ARCADE*, 1983, MIT Press, - 4쪽, 7쪽, 22쪽, 23쪽, 24쪽, 52쪽, 54쪽, 55쪽, 68쪽, 69쪽, 70쪽, 80쪽, 96쪽, 97쪽.

Bernara Rudofsky, *Street for People*, 1969, Doubleday. - 67쪽.

Bernara Rudofsky, 平良敬一, 岡野一字 번역, 『인간을 위한 거리』, 카지마출판회.

Monica, Henning-Schefold, *TRANSPARNZ und MASSE*, 1972, DuMont, - 69쪽.

Georg Kohlmaier, Barna von Sartory, *DAS GLASHAUS*, 1981, Prestel. - 10쪽.

John Hix, *THE GLASS HOUSE*, 1974, Phaidon.

Patrick Beaver, *THE CRYSTAL PALACE*, 1970, Hugh Evelyn. - 9쪽.

Howard Saalman, *HAUSSMANN:PARIS TRANSFORMED*, 1971, George Braziller.

Paul Chemetov, *ARCHITECTURES PARIS*, 1980, Dunod.

Wolfgang Lauter, *PASSAGEN*, 1984, Harenberg.

지은이 **스즈키 마코도** 鈴木恂

1935년 홋카이도 출생

1959년 와세다대학 건축학과 졸업

1962년 와세다대학 대학원 수사修士과정 수료

1964년 鈴木恂건축연구소 설립

1980년 와세다대학 교수

주요 작품으로 치바현 어린이 나라, 雲洞庵佛舍利堂, GA갤러리, 스튜디오 · 에비스, 머닝 · 빌딩, 기타 다수의 주택 등이 있으며, 지은 책으로 『남부이탈리아의 마을과 거리』, 『지중해의 마을과 거리』, 『모로코의 마을과 거리』, 『나무의 민가』(공저), 『멕시코 스케치』가 있다.

옮긴이 **유창수**

서울시립대 건축공학과 졸업

서울대학교 환경대학원 졸업(도시설계 전공)

일본 후지타 건설, 覗感 도시건축사 사무소 근무

서울시정개발연구원에서 도시계획연구원으로 근무

현재 서울시장 정책비서관

감수 **우영선**

서울시립대학교 건축공학과 졸업, 동 대학원 박사과정 수료

서울산업대, 삼척산업대 강사

옮긴 책으로 『파울로 솔레리와 미래 도시』가 있다.

세계건축산책 8

빛의 거리 _ 풍경이 있는 도시의 길

지은이 | 스즈키 마코토
옮긴이 | 유창수
펴낸이 | 최미화
펴낸곳 | 도서출판 르네상스

초판 1쇄 인쇄 | 2006년 7월 10일
초판 1쇄 펴냄 | 2006년 7월 15일

주소 | 110-801 서울시 종로구 계동 140-50 3층
전화 | 02-742-5945
팩스 | 02-742-5948
메일 | re411@hanmail.net
등록 | 2002년 4월 11일, 제13-760

ISBN 89-90828-38-4 04610
89-90828-17-1 (세트)